SV

Blüten des Augenblicks – das sind 185 kurze Zen-Gedichte, geschrieben von Südkoreas beliebtestem Dichter, der seit einer Reihe von Jahren zu den Favoriten unter den Nobelpreisanwärtern gehört. Sein erster Gedichtband in deutscher Übertragung, Die Sterne über dem Land der Väter, erschien 1996 im Suhrkamp Verlag.
Die neuen Gedichte bezaubern. Etwas von der ursprünglichen Kraft eines schamanischen Trommelsolos pocht in ihnen. Diese »Blüten des Augenblicks« wirken so belebend, als stünde man vor einem Wasserfall, sie stärken wie bester Ginseng, erfrischen wie der frischeste grüne Tee.

19. April,
die erste Schlange in diesem Frühling tauchte auf
und starb.
Ich, ich habe schon zu lange gelebt.

»Ich bin gekommen, Liebste,
der strenge Winter, er ist vorbei.«
Das Grab seiner Frau lacht leise.

KO UN
BLÜTEN DES AUGENBLICKS

GEDICHTE

Übersetzung aus dem Koreanischen
und Nachwort von Hans-Jürgen Zaborowski
Mit Kalligraphien des Autors

SUHRKAMP

Titel der 2001 in Seoul erschienenen Originalausgabe: *Sungan úi kkoch'*

Erste Auflage dieser Ausgabe 2023

Umschlaggestaltung nach Entwürfen
von hißmann, heilmann, hamburg
Druck: Books on Demand GmbH, Norderstedt
Printed in Germany
ISBN 978-3-518-24373-2

www.suhrkamp.de

BLÜTEN DES AUGENBLICKS

VORWORT

Ich weiß wirklich nicht, warum es heute so ruhig ist, so ruhig.

Es ist so ruhig, dass ich fast das Singen des Sandes hören kann, der weit entfernt vom Wind aufgewirbelt wird. Von den Hängen des Berges Mingsha in Dunhuang, weit entfernt von der Seidenstraße her, dringt es bis zu mir.

Tausende Meilen!

Könnte das der Klang der Leere sein, die die Leere ruft, der Namen, den andere Namen rufen?

Der leise Klang von jemandem, der sich vorwärts bewegt auf der Straße, die jenseits ist von Gut und Böse, der Laut der Lautlosigkeit, den wir als die Stille verstehen, die das Nirwana sein könnte, das Nirwana ist? Der Klang des leeren Kreises, nachdem das Schöne und das Hässliche, das Gute und das Schlechte überwunden sind, oder eher noch ein Zustand, wo sogar der Klang verschwunden ist?

Hier bin ich und wage es, dieser Stille die Stirn zu bieten.

Vielleicht war die allererste Frage dieser Welt: »Was ist ein Gedicht?« Könnte das der Grund sein dafür, dass in kritischen Augenblicken im Laufe der Zeiten diese Frage – »Was ist ein Gedicht?« – sich immer wieder gestellt hat?

Vor sechzigtausend Jahren haben die Neandertaler vor einem Begräbnis die Bahre für den Toten mit grünen Zweigen geschmückt, mit purpurfarbenen Hyazinthen, mit gelben Gänseblümchen, mit

Malven und Schafgarbe. Dann erst hat man den Leichnam daraufgelegt. Spuren davon sind im Irak entdeckt worden, in der Höhle von Shanidar. Der Leichnam eines Knaben aus der älteren Steinzeit, zwanzigtausend Jahre vor unserer Zeit, wurde in einer Höhle im zentralen Korea entdeckt, in der nördlichen Provinz Chungcheong, mit fossilierten Chrysanthemen auf seinen Augenbrauen. Ähnlich in Ägypten, wo ein Blumenkranz von vor dreitausend Jahren auf dem Kopf des früh verstorbenen Pharaos Tutenchamun gefunden wurde.

Ich bin überzeugt: Diese Blumenopfer sind das Wesen der Poesie. Die Poetik, die poetologischen Theorien, die seit der klassischen Zeit im Osten und im Westen gleichermaßen entstanden sind, sie gehören wohl zu einer viel späteren Entwicklung. Schon viel früher haben Menschen mit der Poesie ihres Herzens dafür gebetet, dass ihre Toten in einer anderen Welt wiedergeboren werden. Einer Welt der Blumen, Blumen, die für den Kummer stehen, der zwischen Dasein und Abwesendsein erwächst.

Und weil die Dichtung die Menschheit durch Zehntausende von Jahren begleitet hat, ist sie zur Essenz dieses unendlich langen Zeitraums geworden. Eine einzige Zeile eines Gedichts, ja ein einziges Wort, kann mich mit über zehntausend Äonen in Verbindung setzen.

Dichtung ist, unvermeidlich, ein Versprechen, das wir für die Zukunft geben. Und so verkörpert sich ewige Essenz als Traum. Und deshalb gibt es so viele Träume wie Menschen.

Ich bin immer wieder fasziniert von den geistigen Spuren, die frühere Dichter hinterlassen haben. Ihre Träume sind für mich erhellend. Die Berufung so manches Dichterkollegen beginnt mit seinen Träumen.

Über einen Dichter erzählt man, dass er sich im Traum fünf Pinsel von unterschiedlicher Farbe ausgeliehen hatte und damit Gedichte schrieb. Doch als er dann im Traum die fünf Pinsel ihrem Eigentümer zurückgegeben hatte, fielen ihm keine weiteren Gedichte ein. Weil er ohne Gedichte blieb, sah er keinen Grund mehr, sein irdisches Leben fortzusetzen – und so verließ er diese Welt.

Bei einem anderen Dichter hat es auch in dessen Träumen angefangen. In einem Traum spie er einen funkelnden Drachen mit zwei Schwänzen aus seinem Mund aus, der dann aufflog. Und vom nächsten Tag an erhob sich Gedicht um Gedicht auf eigenen Flügeln.

Und noch ein weiterer begann seine Laufbahn mit einem Traum. Einmal blühte an der Spitze seines Pinsels eine Pfingstrose auf. Und dann, zwischen Traum und Erwachen, schrieb er zehntausend Gedichte, die sämtliche Götter und Geister im Himmel und darunter zum Weinen brachten. Das war nicht nur eine Sache der Gedichte. Es heißt, dass er, während er die Gedichte schrieb, zehntausend Schalen Wein getrunken haben soll. In seinem Leben war er die irdische Welt, in seinem Tod ein ganzer Kosmos.

Und noch eines Poeten Werk nahm seinen Anfang mit einem Traum. Auf rauen, felsigen Hängen war Gras nur ganz oben, nur auf der höchsten Stelle zu finden. Ein Schäfer mit seiner Herde hatte fast schon den Gipfel eines solchen Berges erklommen. Er blickte hinunter, wo sich eine ganze Welt vor seinen Augen zu erstrecken schien. Da überwältigte ihn die Müdigkeit, er fiel in Schlaf. Und – er träumte. Neun Feen erschienen ihm im Traum. Und er wachte auf – im Wachzustand waren die neun Feen noch immer bei ihm. Mit einer Stimme klar wie Jade in der klaren Luft sprach eine von ihnen: »Von nun an wirst du ein Dichter sein. Ein Dichter, der von allem singen wird, was in dieser Welt wahr ist.« Und so begann ein einfacher Schäfer, der überhaupt nicht lesen oder schreiben konnte, ein Leben als Dichter. Aus ihm strömten, wie aus einer nie versiegenden Quelle, ständig Gedichte. Weil Gedichte eigentlich geschrieben werden, waren diese Gedichte nicht von ihm gemacht – sie kamen ganz von selbst auf die Welt.

Könnten alle die Träume dieser Dichter auch die meinen sein, von mir geträumt, in dieser und auch in der anderen Welt? Eine ganze Anzahl meiner Gedichte ist tatsächlich in Träumen entstanden. Gerade letzte Nacht erhob sich ein Gedicht in meinen Träumen – nicht eigentlich ein von mir verfasstes Gedicht, sondern eines, das jemand anders mir gab. Ob dieser andere in einem früheren Leben ich gewesen sein kann? Oder der, zu dem ich in einer zukünftigen Welt werde? Hier ist das Gedicht:

»Opfere dein ganzes elendes Leben der Dunkelheit.
Du wirst gesprenkelt sein
von Wellen, die davoneilen, die schäumend brechen
an den Klippen der Dunkelheit.
Licht wird geboren, der Tag dämmert schon.«

Beim Aufwachen versuchte ich, mir das Gedicht in Erinnerung zu rufen, es war mir ganz fremd. Manche Traumgedichte sind sehr lang und verschwinden spurlos, wenn ich erst einmal wieder wach bin. Aber meistens sind sie so wie dieses, nicht so lang. Meine kurzen Gedichte haben ihre Wurzeln in meinen Träumen.

Stell dir doch mal einen Dichter vor, der auf dem Rücken eines Esels reitet und dabei Gedichte verfasst. Manches Mal, wenn er hustet, wird sogar sein Speichel zu einem Gedicht. Manche Dichterkollegen haben gesagt, dass sie Dichtung trinken. Einer hat einmal gesagt, dass er Dichtung atmet.

Eine Wolke, die dahintreibt, ruht sich kurz aus.

In einer Mondnacht bildet die große, weite Welt über Hunderte von Meilen einen einzigen Haushalt.

In einer solchen Mondnacht schlage ich dir vor, ein Gedicht zu sprechen, die Flöte zu spielen –

und der Mond wird auf seinem Weg über den Himmel sich kurz ausruhen, verweilen, für einen Augenblick all den Gedichten von der Erde lauschen. Geht das nur den Himmel an? Wie könnte das nur eine Angelegenheit der Sonne am Himmel, des Mondes und der Sterne sein? Gedichte haben sich um die Dachsparren der koreanischen Häuser gekräuselt und weit und breit alles zum Schwingen gebracht.

Sicher: Die Dichtung war zuerst im Himmel, bevor sie auf die Erde gekommen ist. Und genauso der Dichter: Aus dem Himmel geflohen, vielleicht auch aus dem Himmel verbannt, hat er sein irdisches Schicksal angenommen.

Sicherlich geschieht das alles nicht ohne schmerzliche innere Konflikte, mit Fragen, die sich stellen, wie:

»Was kann Dichtung sein angesichts der Aggressionen, der Unterdrückung und der Armut?« Oder:

»Was ist Dichtung in einer Welt voller Gier, Unwissenheit und Krankheit?« Sogar konfrontiert mit der Herausforderung, ob es nach Auschwitz überhaupt noch möglich sei, Gedichte zu schreiben, hat die Dichtung ungebeugt standgehalten. Ich habe damit begonnen, Gedichte zu schreiben, als wären es Grasbüschel in den Ruinen, die der Koreakrieg zurückgelassen hatte, in dem etwa vier Millionen Todesopfer zu beklagen waren.

Der koreanische buddhistische Mönch Wonhyo hat vor mehr als tausend Jahren die Wahrheit, die von Worten abhängt, mit der Wahrheit verbunden, die ohne Worte ist. Hierin liegt die Möglichkeit der Dichtung, die Grenzen des Literarischen auf geheimnisvolle Weise zu überschreiten.

Die Meditation im Zen-Buddhismus ist eine Verneinung von Wort und von Schrift. Doch wenn sie ihr Ziel erreicht hat, blühen paradoxerweise Wortblüten auf. Ich habe längere Gedichte geschrieben, ich habe lange, sehr lange Gedichte geschrieben und mehrere Epen. Etwas ganz anderes jedoch sind diese »Blüten des Augenblicks«.

Ko Un

kuhn

Die Sonne geht unter.

Mein Wunsch:
Unter dem kugelrunden Vollmond
ein Wolf zu werden.

Bleib auf dem Weg.
Du bist der Allererste, und nach dem Allerersten,
bleib auf dem Weg, nur weiter.
Schaust du zurück – wie schnell
kommst du vorwärts.
Babyzunge einer Frühlingsnarzisse im Schneesturm.

Auch der Tag heute ist mit
Geschichten von irgendjemandem vorbeigegangen.
Auf dem Weg nach Hause
betrachten mich die Bäume.

Erschöpft eingeschlafen ist die Mutter.
Allein mit sich selbst hört ihr Kind
die Geräusche des Nachtzugs.

Ein Regentag im Frühling,
ich schaute raus, ein, zwei Mal, und
fragte mich, ob wohl jemand vorbeikäme.

Auf einer Seite ist der Flügel abgerissen.
Wie mühsam die Fliege sich davonmacht.

Auch der heutige Tag geht zu Ende.

Schwindender Schnee aus dem Winter hat was Würdiges.
Bäume, Lärchen sind es,
völlig kahl.
Scheu stehn sie da,
zögernd,
nie lügen sie auch nur mit einem einzigen Wort.
Und ich – ich bin so frech, einfach zwischen ihnen durchzugehen.

In der Provinz Kangwon, in Chongson, in den Kariwang-Bergen
die hinabstürzenden Bäche
sind eifrig, doch eifriger sind
Elritzen und Karpfen,
denn sie schwimmen aufwärts –
gegen den Strom.

Legt' ich mich hin, könnt' man mich halten
für ein leidendes Tier.
Verzweifelt bleib ich den ganzen Tag stehen.

So ein Tag war das heute in dieser Welt, du …

Eine Giraffenmutter
teilt ihre Milch tatsächlich
mit den Jungen anderer Mütter.

Der kleine Sunchol starrt in die Ferne, wo seine Mutter
mit ihren erkalteten Brüsten Hongils elternlosen jüngeren
Bruder füttert.

Die Nachtvögel singen aus voller Kraft,
die Sterne scheinen, so hell es geht.
Und dabei, in einer solchen Welt, leg ich mich ruhig hin
und hoffe, dass der Schlaf bald kommt.

19. April,
die erste Schlange in diesem Frühling tauchte auf
und starb.

Ich, ich habe schon zu lange gelebt.

Heißt dieses frische Lächeln,
heißt das,
es gibt keine Trauer?

Das Gesicht eines Neugeborenen: es schläft!

Ich paddelte mit nur einem Ruder,
auch das verlor ich.

Zum allerersten Mal sah ich mich um auf weiter Wasserfläche.

Am Nachbartisch in der Kneipe
reden sie, wie viel Geld
sie heute gemacht haben.

Die beiden jungen Männer,
die Soju trinken,
sie sind wohl schon Ehemann der eine, der andere Vater.

Draußen vor der Höhle heulen Wind und Regen.
Doch innen drin:
Der Fledermäuse stumme Sprache füllt das Gewölbe der Höhle.

30. April.
Schau dir die zartgrüne Färbung an
dort auf den So-un-Bergen.

An so einem Tag
wie viel Liebe,
wie viel Hass.

Sommerferien – die Klassenräume der Grundschule sind so ruhig.
In einem Raum
steht ein Harmonium,
doch das G seiner Tonleiter – ist tot.
In diesem Klassenraum eingerahmt
die Flagge unseres Landes, die dort seit zweiundvierzig Jahren hängt.
Und in diesem einen Klassenraum
übriggeblieben
verblasste Graffiti aus längst vergangenen Tagen, eines davon:

»Kim Ok-ja hat die dicksten Titten«

Zwei Bettler teilen sich die Lebensmittel,
die ihnen jemand geschenkt hat.

Der junge Mond, der scheint darüber.

Mitten auf der Straße
paaren sich zwei Hunde.

Ich – ich nehme einen anderen Weg.

Vor dem Schaufenster eines Photostudios
steht eine Frau, die keine Kinder haben kann,
und starrt lächelnd auf das Bild
vom ersten Geburtstag des Kindes anderer Leute.

Nimm dich zusammen!
Im glühenden Ofen einer Töpferei in Kwangju oder Ichon
wird eine Schale gebrannt.

»Ich bin gekommen, Liebste,
der strenge Winter, der ist vorbei.«

Das Grab seiner Frau lacht leise.

Manche behaupten, sie könnten sich an die letzten tausend Jahre erinnern.
Manche behaupten, sie könnten die nächsten tausend Jahre voraussehen.
An einem windigen Tag,
ja, ich – ich warte nur auf meinen Bus.

Was willst du denn damit, dass du gerade jetzt landest
auf dem Rücken meiner Hand, gerade als ich einen Brief an
meine Tochter schreibe?
Du bist der erste Gast in diesem Frühling,
du gelber Schmetterling.

Wir kamen nach Auschwitz,
wir sahen die Berge von Brillen,
wir sahen die Haufen von Schuhen.
Auf dem Weg zurück
sahen wir alle aus einem anderen Fenster.

Ein winziger Schmetterling auf einem Schilfkolben,
der Rest der Welt umsteht ihn.

Unter dem Himmel mit seinen vereinzelten Wolken
hier und da und dort: Narren.

Du, Flusskrebs – warum nur siehst du so kompliziert aus?

Mit deinen Fühlern,
mit deinen Zangen,
mit deinen haarigen Beinen,
mit deinen Beinen an der Brust,
mit deinen Beinen auf dem Bauch
und was denn sonst noch allem …

Wenn alles gesagt, wenn alles getan ist,
ruht der See noch immer,
wo er war.
Auch wenn er jemanden verabschiedet hat.

Auf dem Hof eines armseligen Hauses,
dort dämpft der helle Mond sich seine Küchlein aus Reismehl.

He, du, Maikäfer, sogar du

wackelst mit den Flügeln, wenn du brummst.

Sei wie ein Löwenzahnsamen, schwebe im sanften Wind.
Sei wie bärtiger Schilfsamen im späten Herbst.

Mach dich allein auf den Weg, schaff eine neue, großartige Welt.

Schau, dort der Löwenzahn, von einem Schauer durchnässt –
er hält mit geschlossenen Lippen alles aus.

Kleines Mädchen, bleibe tapfer.

Im Garten draußen, da fällt Schnee,
doch drinnen im Haus – niemand bekommt das mit.

Im Schnee, da folgte ich der Spur eines Tiers
und schaute zurück – auf meine eigenen Spuren.

Dieser Ruf der einen Zikade!
Zehn, ja fünfzehn Jahre unter der Erde vergraben,
dann taucht sie auf.
Sollten wir das nicht höher schätzen?

Unter dem blauen Himmel
ein Baby, im Schoß seiner Mutter.

In Alli,
dort auf der Hochebene von Changtang
in Tibet,

leben Menschen,
streiten Kinder,
ein Hund schaut zu.
Dann hebt er das Bein
und pinkelt,
ja, wie lange?

Immer noch ist dies mein Heimatdorf.
Man sagt, Sunam sei gestorben.
Wie erfolgreich war er beim Fang von Bachkrebsen!
Und Sangmun, der zusammen mit Sunam
die Steine hochhob,
unter denen sich die Krebse versteckten –
auch er ist gestorben.
Ja, und auch Kyongho aus der Familie des Müllers ist tot.

Ist der Schnee erst mal geschmolzen,
wie lange bleiben dann die Gerstenfelder grün, bevor sie reifen?

Zwei Menschen sitzen beim Essen
einander gegenüber.

Was ganz Alltägliches
und doch auch wieder
wunderbar.

Wie es heißt – das, das ist Liebe.

Letzte Nacht in meinen Träumen
fielen mir zwei Zeilen ein für ein Gedicht,
doch als ich aufwachte,
war eine davon wieder weg.

Schneemond,
hell um Mitternacht.
Keine Worte mehr nötig.

Ein Wurm
wächst auf mit dem Klingen der Hügel.
Ein Baby im Schoß seiner Mutter
wächst auf mit dem Rauschen der Wellen.

Eine Supernova leuchtet erst auf,
wenn sie sich selbst zerstört.
Nur durch Zerstörung
wird sie zu den neuen Sternen.
Ich frage mich verwundert, wer, wer sonst ich war
vor langer Zeit,
vor langer, langer Zeit.

Lautlos

Harz, in der Erde vergraben, wandelt sich zu Bernstein,
während darüber der erste Schnee fällt.

Ich

stamme vom Löwen ab.
Du vom Schützen.

Wir sind nur Gäste in der Welt; verweilen einen Augenblick,
bevor wir wieder gehen.

Diese steile, enge Gasse,
wo Menschen in Einklang leben miteinander.
Wahres Glück – ist es in den Hütten der Armen?

Auf seinem Weg
betrachtet der Rehbock
still für sich den Mond im Bergbach.

Was man diese Welt nennt,

ist dort, wo ein Schmetterling flattert,
wo ein Spinnennetz hängt.

In den alten Tagen sagte ein Dichter mal,
dass auch dann, wenn unser Land zugrunde geht,
Berge und Flüsse bleiben.

Heute sagt ein Dichter,
dass auch dann, wenn Berge und Flüsse verschwinden,
unser Land überlebt.

Der Dichter, morgen wird er sagen,
wenn Berge und Flüsse verschwinden,
wenn unser Land zugrunde geht, ja,
verschwinden auch du, auch ich,
sind nicht mehr.

In allen Fenstern der Grundschule
glüht der Sonnenuntergang.

Jedes einzelne von all diesen Fenstern ist irgendwie göttlich.

Der Schnabel des Huhns, das seine Körner aufpickt –
Was ich gelernt hab, was ist das dagegen?

Ein Vater in einer ausgebeulten Hose
steigt die Treppe einer Überführung hoch,
das Mittagessen für seinen Sohn, das bringt er mit,

nah einer Grundschule, in einer Stadt mit fünfzigtausend
Einwohnern.

Vor dem Fenster sieht es nach Frost aus.
Vor mir
blühen zwei Orchideen nebeneinander.

An der Wand gegenüber eine Kalligraphie mit dem chinesischen Zeichen für »Geduld«, geschrieben von dem Patrioten, dem Märtyrer An Jung-gun.

Kommata,
Punkte
aus fünfundvierzig Jahren meines unbeholfenen Wirkens –
ich danke euch.

Ich verspreche euch, ich werd euch nie mehr beschämen.

Die Sioux haben kein Wort für »auf Wiedersehen«.
Der Mond geht morgen Abend wieder auf.
Ein Tag nach dem Vollmond
ist der sechzehnte Tag nach dem Mondkalender.

Großmutter pflegte zu sagen:
»Du musst auch die einfachsten Dinge,
wie das Einfädeln einer Nadel, so gut machen, wie du nur kannst.«

Aber heutzutage: Ich sehe kein Nadelöhr, in das einzufädeln wäre.

Wenn die Henne ihre Küken ruft,
wenn die Küken nach der Henne rufen:
ganz schön viel Gegacker.

Sogar die Vögel auf der anderen Seite unsres Tals hören es.

2009 KoUn

Schau dir die Nase des jungen Hasen an,
schau dir den Schwanz des Hundes an –
das ist die Welt, in der ich lebe.

Bei den Vogelspuren im Schnee
suchte ich nach dem Geist meiner Schwester.
Sonhwa …
Sonhwa …
Sonhwa!

Wie kann es da nur eine einzige Blüte geben?
Achtung, dort drüben
im trockenen Flussbett
ganz anspruchslos –
könnte es deine Liebe sein?

Ein Irrenhaus – ein wunderbarer Ort:
Ich bin Kaiser
Ich bin General
Ich bin UN-Generalsekretär
Ich bin der Popsänger Park Hyun
Ich bin Gott
Ich bin Miss Korea
Ich bin der Filmstar Kim Bo-gil.
Das Irrenhaus – nichts als der Anbau eines anderen Irrenhauses?

Eine Katze – nicht mehr als wehrlose Beute.
Ein Hund – nichts als wehrlose Beute.
Ich – nichts als wehrlose Beute.

Wie weit sind wir gekommen seit den Anfängen der Menschheit?
Alles, was uns geblieben ist,
ist nichts als nur Argwohn.

Als am Markttag die Stände abgebaut wurden,
da sah ich plötzlich
Samas Mutter, die letztes Jahr verstorben ist.
Ob sie vielleicht aus der anderen Welt zum Einkaufen
zurückgekommen ist?

Eine Halbinsel, das ist ein Ort, den Gäste besuchen können.
Eine Halbinsel ist ein Ort, den Gäste wieder verlassen.

Ist das der Grund für die vielen Kneipen
im Süden der Halbinsel Korea?

So drei Millionen und achthunderttausend Kneipen könnten
es wohl sein ….

Wir flogen über den Fluss Jenissei
westwärts. Hoch über den Ebenen von Sibirien.
Oder war es der Fluss Ob
vielleicht nahe bei Doborsk?
Oder bei Omsk?
Das Blinken eines Sonnenstrahls, gespiegelt von einem Fenster
  dort unten,
flog zu uns herauf, dorthin, wo wir saßen,
hinein in das Fenster zehntausend Meter hoch.

Das dauert – vielleicht drei Sekunden,
bald flogen wir über den Ural.

»Macht's gut!«
Mein Abschiedsgruß, der kam zu spät, wie immer.
Der mächtige Sonnenstrahl war schon verschwunden.

Tu's nicht!
Tu's nicht!
Die ganze Nacht verbrachte die Scheide damit,
das Messer festzuhalten.
Diese Stille der Scheide und die des Messers darin!

Ein Hahn, der kräht bei den Donghyuns,
ein Hahn, der kräht bei Yongsiks,
Ein Hahn, der kräht bei Sunnams,
Ein Hahn, der kräht bei Gumchols,
Doch Gumchols Opa, der hat aufgehört zu atmen, ist jetzt tot.

Hunde bellen im Dorf, egal ob oben oder unten.
Der Dieb dieser Nacht –
heißt er Kim oder Park?

Ein Dieb, auch zu morden bereit, zwölf Mal verurteilt,
war einst ein dreijähriges Kind.
Der verrückte König Yonsan, der splitternackt wer weiß was
anstellte,
war einst ein vierjähriges Kind.
Und beide waren mal süße Babys, kaum ein Jahr alt.

Hall nur, du, du Gong, der du da hängst –
mit deiner jugendlichen Wildheit, wie ein Wirbelwind –
von welchen Festen träumst du jetzt?

Die Henne, sie hat ein Ei gelegt,
im Ei ein Küken, entwickelt sich erst –
doch: die zwei, sind sie ein Leib?

Ich starrte teilnahmslos
auf die Felder, wo Bauern bei der Arbeit waren.
Großvaters Grab,
sein ganzes Leben hat er geschafft,
ist jetzt dort begraben,
sein Grab, so teilnahmslos, sah einfach zu.

Ich zog die Hände aus den Hosentaschen.

Was soll ich machen?
Pfirsichblütenblätter
schweben den ganzen Tag über ins leere Haus.

Als ich hinunterging,
da sah ich sie.
Doch als ich wieder hochkam,
war sie weg, die Blume.

Im Jugendgefängnis
wurden seine Hände geübt,
wurden seine Arme trainiert jeden Tag.
Ihr müsst euch keine Sorgen machen:
Bin ich erst wieder draußen, denkt er sich,
werd ich ein viel, viel besserer Taschendieb sein.

In der Frühlingsbrise
in diesem Tal, in jenem Tal,
welche Erregung!
Und deshalb
kann ich meine Gefühle kaum noch zähmen.
Ach – diese Blüten, die einen männlich, die anderen weiblich.

Ochsenkopf verschwunden?
Pferdekopf ist dafür aufgetaucht?
All diese selbst ernannten Gründer buddhistischer Sekten,
was für einen Unsinn haben sie ihr Leben lang erzählt.

Vor dreißig Jahren
hielt eine fast verhungerte Frau eine Fata Morgana
für tausend Säcke voller Reis.

Warum nur ist der Himmel so weit?

Ich bin ganz still, allein.

Die Hülle eines Käfers, im Spinnennetz gefangen,
sie schaukelt in der kühlen Brise.
Das muss doch ganz schön öde sein.

Such dir einen Freund,
dann erkennst du deinen Feind.
Such dir einen Feind,
dann erkennst du deinen Freund.

Was für ein Spiel ist das nur?

Lieber Omar Khayyâm –
zu deinem 67. Geburtstag
eine Sternwarte – das war dein Traum.

Doch alles, was du hattest, war der Wein
und all die Sterne hoch am Himmel.

In diesem alten Mann, kam da nicht ein kleines Kind zur Welt?

An einem dürren Ast
tausend Tropfen Wasser.

Der Regen ist doch umsonst gefallen.

Auf dem Hügel dort hinten
steht eine Kuh im Regen.

Unten, unter dem Dach,
warte ich, dass es aufhört zu gießen.

Und etwas später vermeiden wir beide, uns in die Augen zu sehen.

Es war einmal,
da gab es niemanden, den ich nach dem Weg hätte
fragen können.
Doch ich machte mich auf
in die Richtung, die ein Kiefernzweig wies.

Und es war der richtige Weg.

Manchmal hab ich das Gefühl zu ersticken.
Gibt es nichts als diese eine Welt?
Anders gefragt:
Gibt es nichts als nur die andere Welt?

Schlafende Gesichter
unter der 60-Watt-Birne in der Gefängniszelle.

Waren alles Kinder, die in meinem Schoß gewachsen sind.

Über den sandigen Strand
ohne ein einziges Wort,
bis ins Meer hinein
ohne ein einziges Wort,
gerade geschlüpft ist die Schildkröte, sie macht sich auf
ihren weiten Weg.

In der Märzensonne

husch,
husch,
den Mund weit geöffnet,

erblühen die Knospen der Blumen.

Warum solltest du dich nicht nach einem anderen Leben sehnen?
Die starren Augen des toten Karpfens.

Ich lebe, ohne zu wissen, was morgen sein wird.

Eines Abends, als ich ziemlich besoffen war,
zuckte ein Blitz auf,
und der erklärte mir die ganze Welt.

Der Tag wird kommen, an dem wir Menschen keine Mütter mehr haben.

Im Zoo
bin ich stehengeblieben und betrachte
eine Orang-Utan-Mutter und ihre Kleinen.

Hund und Schwein
und Hahn
und Henne und die Gans
und die Katze
und neun Küken
verbringen ihren Tag,
ohne dass sie eine gute oder eine schlechte
Beziehung hätten.

Hühnerkacke hier und da im Hof,
ist das nicht doof?

Jenseits des Hügels
das Gerstenfeld der hübschen Suni und ihrer Leute.

Ich möchte mich in eine Lerche verwandeln, um dorthin
zu fliegen.

Am Neujahrstag geht ein alter Bettler
durch das ganze Dorf.

Sind das nicht die guten alten Zeiten?

Alles außerhalb des Hauses
kann mein Lehrer sein.

Meister Pferdescheiße,
Meister Kuhmist,

Meister Kindersommersprossen.

Wenn ich es genau betrachte,
dann fühle ich, dass ich immer wieder mal begraben worden bin.
Deshalb
bin ich viele Gräber.

Und doch gebe ich immer wieder an damit:« Das hier, das bin ich!«

Eigentlich sollte für das Lieben viel mehr Kraft da sein
als für das Hassen –
hier in dieser Welt
und in der anderen Welt genauso.
Einen Morgen gibt es, einen Abend, eine Nacht – die wirklich
wert sind zu leben.

In meiner Einsamkeit entzünde ich ein Licht.

In einer Frühlingsnacht das Weinen eines Kindes.
In einer Herbstnacht streicht jemand die Wäsche glatt.
Dies
ist ein Ort, wo wirklich Menschen leben.

Ich ging vorbei an einem Feld, gedüngt mit ihrer Scheiße.
Unbewusst verneigte ich mich, senkte meinen Kopf.

Dauernde Bewegung!
Endloser Wandel!
Du bist alles, was noch übrig ist, reif für Erleuchtung.

Ja – zehn Jahre Lernen, alles umsonst.

Mit den Händen streifen wir Bäume,
mit den Füßen laufen wir über Gras,
das heißt:
Wir Menschen sind Nachbarn der Bäume,
    Nachbarn auch dem Gras.

Ich hasse Bücher,
ich hasse die Rüpel, die Bücher lesen,
denn ihnen ist es zu danken,
dass der Geist tot ist.

Wie ein Speisesaal mit haufenweise leerem Essgeschirr,
    wie ein leerer Schweinestall.

Die letzten siebzig Jahre lang
hab ich gelebt mit Genies als Gastgebern.
Wäre ich selbst ein Genie gewesen,
ich hätte wohl kaum ein solches Glück erfahren dürfen.
Friedrich Wilhelm Nietzsche!
Amadeus!
Li Ho!
Und erst die ungenannten großen Geister Koreas!

Vom anderen Ufer des Flusses herüber
erreichte uns beide das Läuten von Glocken.
Der Klang der Glocken erreichte uns,
zusammen lauschten wir beide.

Eigentlich wollten wir auseinandergehen,
doch dann beschlossen wir zusammenzubleiben.

Ich meine, das ist der wärmste Ausdruck von Trost
in der Welt:
der Klang des Schnees, der, angesammelt
auf einem grünen Kiefernzweig,
herunterrutscht.

Sehnsucht, noch einmal auszubrechen,
Sehnsucht, ein Feuermeer zu werden

der Kratersee auf dem Halla-Berg.

Mag sein, es war bei Chinburyong in der Kangwonprovinz –
gibt es irgendwo in der Welt etwas,
das vergleichbar ist mit einer Landschaft im Schnee?

Frühlingstage,
herbstliche Farben,
das tiefblaue Ostmeer –
sie alle machen uns eher traurig.

Zu Fuß eines Hügels spielen Kinder.
Ein schmales Bächlein murmelt.
Es scheint nicht zu ahnen, wie bald
es zum Meer wird.

Frühe Morgendämmerung, der Himmel dunstig.
Die runden Steine am Strand des Ostmeers, auf denen ich geschlafen hab,
vielleicht in einem langen Traum.
Als die Sonne aufgeht – nicht mal das bemerke ich.

Der Vollmond stiehlt sich durch die Wolken,
das überrascht den Dieb, der deshalb flüchtet.
Auch die Hunde sind überrascht: sie bellen.

Zarter Schnee legt sich sanft
auf das nackte Fleisch frisch gehackten Feuerholzes.

Wie fremd sie einander sind.

Das Haus am Straßenrand
hat keinen Hof
und keinen Zaun.
Wo nur ist der andere Schuh von seinem einen Paar hin?

Zwölf frisch geschlüpfte Küken sind im Hof.
Die Glucke ist bei ihnen.
Es gibt keinen Zweifel: irgendwo muss ein Raubvogel sein.

Geh nach Somalia
und betrachte von dort deinen Kapitalismus,
sieh dir von dort deinen Sozialismus an,
schau in die Augen der hungernden Kinder.

Ein Hund in seiner schäbigen Hütte.
Auf so etwas wie ihn trifft man in Palästen,
in den Häusern der Reichen nie.

Tief am Horizont der Sonyu-Insel im Kogun-Gebirge
geht die Sonne unter mit lautem – Platsch.
Darüber sollten wir nicht gedankenlos traurig sein.

Lass doch alle, die sich getrennt haben, einfach
gehen
hin zum Wintermeer.
Lass doch alle, die sich mal tief geliebt haben, einfach
gehen –
eher als die, die sich noch immer ganz tief lieben.

Das riesige Haus des reichen Managers,
Verzweiflung der Bettler,
Hoffnung der Diebe.

Nachts um halb zwei
gegenüber dem Appartementblock Nr. 16
brennen noch immer sechs Straßenlaternen,
eine verlöscht

und gleich noch eine.

Irgendwo am Soyang-See,
eins wird zwei,
irgendwie,
eins wird drei,
der See
und du und ich.

Am Seeufer
rief ich deinen Namen
dem schwindenden Echo hinterher:
Du,
wo bist du?
Wo, du …

Weidensamen,
geboren am Rand eines eiligen Bachs,
sie sprießen auf,
wo sie den Boden berühren.

Versuch du's doch auch mal so!

Geschöpfe,
die ihr lebt in Fluss und Meer,
Aale,
Süßwasserkrebse,
ihr lernt wirklich eifrig.

Gäste für eintausend Jahre,
eine Libelle auf einer Wasserlilie –
und ich.

Ein Spinnennetz, den ganzen Tag durchnässt vom
Monsun-Regen –
du machst ja wirklich allerhand mit.

Mein Nirwana ist ein Wander-Nirwana,
vom Wind
hab ich das gelernt,
bestätigt wurde es von Dingen wie
den Wolken,
dem Regen,
dem Wasser im Graben.

Ich bin ein ewiger Student, ständig unterwegs.

Als ich herauskam
aus einem China-Restaurant auf Kreta,
rutschte ich aus.
Des Meeres Wellen teilten sich,
und dann
tauchte Gott Poseidon majestätisch aus dem Meer und
verschwand gleich wieder.

Ziemlich wahr

Shakyamuni Buddha
kam übers Meer aus Indien,
und, einmal hier,
wurde er ein andrer Shakyamuni.

Großartig ist das doch – wir alle sind was anderes geworden.

Die ganze Nacht über, im frisch bepflanzten Reisfeld,
waren Tausende von Fröschen an der Arbeit.

Keine Gier kommt der Freiheit von Gier gleich.
Abgesehen davon
sind
all die belanglosen Wünsche,
die ihr einfachen Leute haben mögt,
die Wahrheit zwischen dieser Welt und der anderen.

Also: Zum Wohl!

Welche Arbeit kann denn nur
der Natur gleichkommen?

Heute
habe ich auf einem kleinen Flecken Acker Samen ausgesät.
Die Natur wird sie sicher keimen, wachsen lassen.

Wirklich, wir Menschen sind so selbstbezogen.

Singen und sprechen –
alle Dinge tun das.
Die Vögel singen ihre Lieder,
die Felsen sprechen stumm.
Und was ist mit mir?

Was für einen Unsinn ich lalle.

Letzte Nacht
Träumt' ich einen Traum, fest hing ich an einem der äußeren
Ringe des Saturn.
Kleines Hündchen –
was hast du geträumt?

Solange die Schwalben im Frühjahr zurückkehren,
habe ich einen Grund weiterzuleben.
Solange das Meer,
das sie kreuzen,
ein südliches Ufer hat,
habe ich einen Grund, das Morgen zu erwarten.

Ich hab einen Grund, mich nach dir zu sehnen.

Im Regen tanzt das Gras,
im Regen – die Steine schlafen.

Lee Dong-Sun aus Taegu
werd ich morgen treffen
in einem Kaffeehaus in Insa-dong in Seoul.

Aufs Postamt werd ich morgen gehen, einen Brief aufgeben
und dann am Abend wieder weiterlesen, ein Buch über
mongolische Kultur.

Morgen werd ich fauler sein als heute.

Wie glücklich bin ich mit all diesen Plänen,
so einfach wie ein kaltes Blatt Chinakohl.

Genau besehen,
ist morgen schon heute da.

Auf dem Markt in Ansong
kaufen Leute,
verkaufen Leute,
auch Leute, die krank geworden
und dennoch gestern und am Tag zuvor immer wieder aufgestanden sind.

Dabei sind sogar Leute, die sich gar nicht kennen – so kommen sie einander näher.

Ich verehre Menschen, die weite Reisen unternehmen
von dem Ort aus, an dem sie geboren,
von dem Land aus, in dem sie aufgewachsen sind.

Nur ein Leben, das etwas Neues sucht und findet,
ahmt andere Leben nicht einfach nach.

Wie Ko Jumong, der erster König Koreas war, mit zwanzig schon.

Wahrhaftig, man kann einfach nicht lügen
in der letzten Nacht des Monats,
wenn der abnehmende Mond noch scheint.

Mondlicht, es lässt deine Lunge, ja alles, aufleben.
Sogar die Gräber verschieben sich ein Stückchen.

In einem einsamen Bergtal
fliegt ein Fasan erschreckt mit lautem Kreischen auf.
He!
Meinst du, du allein bist erschrocken?
Mir geht's nicht besser.

In den Äußeren Diamantbergen konnte ich kein einziges Gedicht verfassen.
In den Inneren Diamantbergen konnte ich kein einziges Gedicht verfassen.
Mein leerer Körper war voller Wahrheit.

Mit einem armen Kerl, der nicht mal
ein steinhartes Pferd hat,
keine Kuh fest wie Eisen,
nicht mal ein schwarzes Schwein,

wie könnte man mit dem reden über – Buddha.

Mitleid ist
Sanftheit des Herzens.

Du meinst, man kann die Wahrheit erkennen
ohne Sanftheit?

Welche Wahrheit soll das denn sein,
was für einen jämmerlichen Diebstahl planst du?

Menschen zeigen ihre Menschlichkeit
durch Reden.

He, du da mit deiner Fliege, deinem Schlips!
Nick nicht einfach ein.

Sag was: was
auch immer.

Der erste Regentropfen
weckt
ein Magnolienblatt auf.
Dann dieses Blatt,
dann jenes.

Der Klang der Regentropfen, von der Traufe fallen sie.
Ich
und auch eine Spinne – wir sind sprachlos den halben Tag.

Einmal wurden die Geister vertrieben,
rein aus Langeweile.
Du, Abt des Tempels im Kaya-Gebirge,
sag nicht zu schnell,
dass eine Blume im Feuer erblüht.

Was willst du nur machen,
wenn dann auch noch ein Schmetterling hereingeflogen kommt?

Auch wenn du irgendwann mal die siebzehn Koans gelöst hast,
wird ein Boot da sein
auf dem Wasser
und Wolken am Himmel.

An so etwas dachte ich überhaupt nicht,
als es aus heiterem Himmel zu donnern begann.

Lange Zeit hatte ich keine Gäste mehr.

Nicht nötig zu wissen, wo das alles ist.

Eine kleine Quelle in einer Schlucht in den Bergen
ist wie eine ältere Schwester,
wie eine jüngere Schwester,
wie eine jüngere Schwester, die, vor langem verschwunden,
jetzt wiederauftaucht.

Früh in der Morgendämmerung
der Klang des ersten Hahns, der kräht.

Ich denke, man kann das drin im Zimmer auch hören?

Warum?
Warum?
Warum?
Ein herrlicher Tag,
ein Fünfjähriger hat so viel zu fragen.

Sicher weiß dies Kind schon längst,
dass ohne diese »Warums«
alles sinnlos wäre.

Es heißt, dass nichts sich erneuern kann,
ohne vorher zu Asche zu werden.
Für ein ganzes Jahrzehnt
wollte mein Unglück einfach nicht zu Asche werden.

Im späten Herbst verbrannte ich einen Haufen trockener Blätter
– ich möchte weinen.

Es gibt einen Berg
spät in meinem Leben, dem eines Nichtsnutz.
Doch wenigstens für einen Berg bedeutete ich was.

Warum nur steht »jetzt«, wo das Jahrtausend endet,
ein Jahrtausend vor der Tür?
Jetzt, ja jetzt musste ich schluchzen.

Ich stand auf, dort, wo ich getrunken hatte.

Eine Reihe von Ameisen
überquert die Straße,
vielleicht, damit wir merken
heute
und morgen
und übermorgen,
ein wenig, ein wenig begreifen,
dass diese Welt nicht nur
der Menschheit gehört.

Die Mittagsstunde so heiß wie Holzkohlenfeuer,
der Kuckuck hat längst aufgehört zu rufen.

Lasst uns nicht nur vom strengen Frost in Sibirien reden.
In Sibiriens glühender Sommerhitze
bleichen die Gräten eines faulenden Karpfen.

Vielleicht: du magst das sehen als Paradoxon aller Paradoxa.
Doch, wirklich, ich sage dir,
frag arme Leute nach dem Heute,
frag arme Länder nach dem Morgen,
frag Indianer in Amerika
oder Frauen in Somalia
nach dem neuen Jahrhundert.
Nicht die Reichen in Nordamerika.

An der Stelle, wo letzten Sommer ein Tankwagen mit
Wasser vorbeifuhr,
blühte in diesem Herbst eine Chrysantheme.

Ich sehne mich, dorthin zu gehen, wie die Mutter, wie
die Schwester,
an diesen Ort, der an Frühlingsabenden erfüllt ist vom
Duft der See,
zum Südmeer mit seinen vielen Inseln und Inselchen.

Nie mehr können wir rennen
auf allen vieren über die Ebenen,
über Berghänge, an denen der Nebel sich aufgelöst hat.

Ach, der Fluch des aufrecht gehenden Menschen …

Erdenwurm!
Wie ist das denn, dein langes Leben: sich strecken,
wieder schrumpfen,
ohne ein einziges wunderbares Lied.

Bescheidenheit!
Ein Boot läuft in den Hafen ein.
Überheblichkeit!
Ein Boot läuft aus dem Hafen aus.

Dicht fällt Schnee.
Dicht fällt Schnee.
Alles ist so rein, ganz ohne Schuld.

Neben dem Ahorn
steht ein Hornstrauch.
Neben dem Hornstrauch
steht eine Eiche.
Und neben der Eiche
steht meine Frau.

Die Mutterkuh macht »Muh«.
Das kleine Kalb macht »Muh«.

Wir Menschen ahmen doch
deren alte Liebe nur nach.

Auf dem Hügel am Abhang ein Slum,
ein Mann läuft durch den Schneeregen,
ein Hund stürzt heraus.

Sieh dir nur den Schwanz des Hundes an!

Der Pfad ist übriggeblieben aus alten Tagen.
Plötzlich steht zwischen zwei Pappeln
mein toter Bruder.
Es war ein Pfad der Dämmerung.

Auf der Halbinsel Korea ist mehr Sehnsucht in der Erde
begraben als Kohle,
Blutsverwandte und sonstige Familienmitglieder getrennt
seit 55, 60 Jahren schon.
Die Waffenstillstandslinie liegt zwischen ihnen, wie aus
Gusseisen gemacht,
südlich davon,
nördlich davon
ist Sehnsucht für jedermann eine Ganztagsbeschäftigung.

Die Halbinsel Korea! Auf allen drei Seiten von Sehnsucht
umgeben …

Wenn das alles eine Sache des Taus am Morgen ist,
gibt es nichts mehr, worauf man hoffen könnte.
Wenn das alles eine Sache des Taus am Morgen ist,
der glänzend in Spinnweben hängt,
gibt es nichts mehr, was zu erledigen wäre.

Liebe junge Freunde,
es geht in Ordnung, wenn ihr den ganzen leuchtend
klaren Tag lang nichts mehr tut.

Wenn jemand geht, ist das wundervoll.
Wenn Leute
andere treffen, gemeinsam gehen, dann ist das wundervoll.
Der Himmel voller lockerer Wolken.

Der Kreisel dreht sich.
Gestern ist der Dichter Midang von uns gegangen,
heute ist der alte Oh aus dem Nachbarhaus von uns gegangen.
Wie kann es einen, wie zwei Tode geben?
Sogar der Kreisel eines Kindes ist umzingelt
von vielerlei Arten zu sterben.

Ich verirrte mich,
überall, überall nichts als Sand.
Das war in der Wüste Gobi.
Aus dem Sand tauchten bleiche Knochen auf.
Gut, euch zu sehen!

Wohin denn nur
werden meine Knochen den Menschen in einer fernen Welt
den Weg aufzeigen?

Mein Herz, das pochte – doch dort vorn taucht eine Oase auf.

Schau dir diese Blumen an –
jede Hure freut sich darüber.
Schau dir diese Blumen an –
auch Sonhui, gerade erst vierzehn, freut sich darüber.

Neu wie Schulden, die gerade heute beglichen wurden.
Neu wie ein Grab, heute erst ausgehoben.
Es gibt Leben, das auf diese Weise neu beginnt.
Einige Male
dort drüben
ein Schmetterling, ist es nur einer, vielleicht sind es zwei?

Warum,
sag mir, sollte es Zeiten geben, in denen du nichts als den
  Wunsch hast,
so lange in die Sonne zu starren, bis du erblindest?
Als ich sagte: »Ich liebe dich« – liebte ich mich selbst.
Als ich sagte, dass ich meine Nachbarn liebe, als ich sagte,
  ich liebte die ganze Welt,
liebte ich einfach mich selbst.

Frösche quaken an diesem Flecken mit Wasserfenchel dort
  im Graben.

Das Haus ist leer, alle weg, um Geld zu verdienen.
Der Klang einer fernen Glocke
erreicht das Haus.
Nur ein Hund hört ihn,
der blaue Himmel schaut schweigend herab.

Reue! Welche Wahrheit gäb es ohne sie?
Mitte November,
jemand steht bei Ebbe am Meer
auf der Insel Taebu.
Reste von Abfall werden vorbeigeschwemmt.

Am Abend von Buddhas Geburtstag
sah ich sie unter den Lampions
kühn,
ich sah ihre früheren Leben.
Sie umkreiste die Pagode, und dabei sah sie mich.

Licht jenseits des Flusses.

Keiner fragte,
keiner gab eine Antwort.

Als wir über die Kaema-Hochebene in Nordkorea flogen,
fühlte ich mich schuldig gegenüber dem Freund,
    der neben mir saß.
Tatsächlich
betete ich darum, das Flugzeug möge abstürzen.
Ich weiß nicht, warum.
Die Hochebene dort in den Wolken
war ganz meine – und doch eine andere Welt.

Letzte Nacht haben etliche von euch geweint.
In der Morgendämmerung
warst du allein!
Kleines Insekt –
auch ich bin wach – deshalb bin ich dein Kamerad.

Im Gefängnis von Seoul, Block 5, Zelle 1.

Wenn ich mich mal wieder sehr anstrenge,
muss ich einen Baumwollrock tragen.
Wenn ich in Eile denselben Weg gehe,
den meine Oma gegangen ist,
den meine Mama gegangen ist,
den Korb mit Essen für die Feldarbeiter auf dem Kopf.

Nach neunundzwanzig Jahren besuchte ich die Felder
    meines Heimatdorfes wieder,
dort sah ich sie.

Ein Kriegsschiff pflügt durch das Meer
nahe der Insel Paeknyong im Gelben Meer.
Nicht eine Möwe ist zu sehen.
Das Meer
sieht so aus, als ob jemand darin verschwunden wäre.
Ich habe eine leere Flasche, in der Fusel war, in meiner Hand.

ANHANG

ANMERKUNGEN

SEITE 19

Kangwon • Provinz an der koreanischen Ostküste.
Chongson • Ortsname, steht im Kontext mit dem Maler Chongson (1676-1759), der sich von der akademischen Malerei nach chinesischem Vorbild abwandte und realistische Motive seiner Heimat malte.
Kariwang-Berge • ebendort gelegen.

SEITE 21

19. April • Datum des Aufstands der akademischen Jugend gegen den diktatorischen Präsidenten Syng-man Rhee (1875-1965) im Jahr 1960. Führte zu dessen Rücktritt und zum Exil auf Hawaii.

SEITE 23

Soju • beliebteste Spirituosenart, 25% Alkoholgehalt.

SEITE 27

Kwangju und Ichon • alte Standorte von Keramik- und Porzellanmanufakturen, südöstlich von Seoul gelegen.

SEITE 38

Changtang • Hochebene im Norden und Westen Tibets, erstreckt sich über etwa 1500 km.

SEITE 48

An Jung-gun (1879-1910) • koreanischer Freiheitskämpfer gegen die Japaner, wegen eines erfolgreichen Anschlags gegen den japanischen Ministerpräsidenten 1909 in Harbin, NO-China, zum Tode verurteilt und von Japanern hingerichtet.

SEITE 60
König Yongsangun (1476-1506, regierte von 1494 bis kurz vor seinem Tod) • wegen seiner Grausamkeit meist nur als Prinz bezeichnet, abgesetzt, in die Verbannung geschickt.

SEITE 81
Li Ho (791-817) • chinesischer Dichter, als »dämonisches Genie« bezeichnet.

SEITE 83
Halla-Berg • mit 1950 m der höchste Berg Südkoreas, auf der Insel Cheju. Erloschener Vulkan mit einem Kratersee (»Himmelssee«).

SEITE 83
Chinburyong • Gebirgspass in der Provinz Kangwon an der Ostküste.

SEITE 90
Insel Sonyu und Kogun-Gebirge • vor der koreanischen Südwestküste gelegen.

SEITE 92
Soyang-See • Stausee in der Nähe der Provinzhauptstadt Chunchon im Norden von Seoul. Größter See des Landes mit vielgerühmten Schönheiten der Natur.

SEITE 96
Shakyamuni Buddha • der »historische« Buddha, der für unsere Welt und unser Zeitalter die Lehre verkündet hat.

SEITE 101
Insa-dong • Antiquitätenstraße der Hauptstadt Seoul, Standort auch zahlreicher guter Restaurants.

SEITE 102
Ansong • Wohnort des Dichters.

SEITE 103
Ko Jumong (58 v.-19 n. Chr.) • sagenhafter Gründer und erster Herrscher des Staates Koguryo, im Norden der Halbinsel und bis weit ins Festland hineinreichend.

SEITE 107
Äußere / Innere Diamantberge • in Nordkorea gelegene Bergregion, höchste Erhebung 1638 m. Der Name leitet sich wohl von einem buddhistischen Text ab (Diamant-Sutra), Zentrum des koreanischen Buddhismus mit zahlreichen Klöstern.

SEITE 110
Kaya-Gebirge • westlich der Millionenstadt Taegu. Das bedeutendste Kloster dort beherbergt die im 13. Jahrhundert geschnitzten 81 000 Druckplatten des buddhistischen Kanons (Tripitaka koreana).

SEITE 131
Insel Taebu • im Gelben Meer, südlich der Hafenstadt Inchon.

SEITE 133
Kaema-Hochebene • in Nordkorea gelegen, gab der China zugewandten gleichnamigen Provinz ihren Namen.

SEITE 136
Paeknyong • Insel im Gelben Meer mit reichen Fischgründen. Zuordnung zu Südkorea (beim Waffenstillstand, der 1953 den Koreakrieg beendete) durch den Norden nicht anerkannt, ebenso wenig wie die Zuordnung einiger weiterer kleinerer Inseln in der Nachbarschaft. Zuletzt im November 2010 war das Anlass für Schusswechsel zwischen Truppen beider koreanischer Staaten.

KO UN – EIN LEBEN ALS MÖNCH UND POET

Flughafen Bremen. Ein älterer Koreaner in Begleitung seines Übersetzers reiht sich in die Warteschlange zum Einchecken für den Flug nach Frankfurt ein. Mehrere Landsleute nähern sich. Sie bleiben stehen, scheinen ihren Augen nicht zu trauen.

Dann begrüßen sie den älteren Herrn, reden ihn mit seinem Namen an und – nie hätten sie gedacht, jemandem wie ihm hier zu begegnen. Der ältere Koreaner ist der Dichter, der Schriftsteller Ko Un. Er hat gerade für einige Tage auf Einladung von Radio Bremen an einer Veranstaltung, »Poetry on the Road«, teilgenommen, zwei Lesungen, dazu Begegnungen mit lieben Freunden, Kollegen aus der ganzen Welt.

In Frankfurt dann ähnliche Begebenheiten auf dem Weg von Terminal A nach Terminal B. Von dort startet in zweieinhalb Stunden der Nonstop-Flug nach Seoul.

Bei koreanischen Fluggästen zuerst Erstaunen, dann Freude. Bewunderung für eine Persönlichkeit des öffentlichen Lebens in ihrer Heimat, die sie herzlich begrüßen. Etliche greifen nach dem Mobiltelefon, wählen eine sehr lange Rufnummer – sie müssen Freunden, Kollegen, Verwandten in Korea unbedingt gleich mitteilen, wen sie überraschend in Deutschland getroffen haben. Dass in Korea wegen der Zeitverschiebung längst tiefe Nacht ist, scheint niemanden zu stören.

Ob es Ko Un in die Wiege gelegt war? Wohl kaum. Er ist im August 1933 in einem kleinen Dorf im Südwesten der koreanischen Halbinsel zur Welt gekommen, als erstes Kind seiner Eltern. Die waren einfache Leute. Doch von dem traditionellen Bildungseifer ihres Landes erfasst, ermutigten sie ihren Sohn, fleißig zu lernen. Seine Mutter war körperlich schwach und von ruhiger Natur. Sein Vater war eher gefühlsbetont, aber dabei in sich gekehrt. Ko Un's Großvater war ein großer Patriot. Er unterwies Ko Un in koreanischer Geschichte – während der japanischen Kolonialherrschaft in Korea ein Vergehen, wenn nicht gar ein Verbrechen. Seine Großmutter mütterlicherseits liebte ihn innig. In seiner vielbändigen Gedichtsammlung *Maninbo* (»Zehntausend Leben«) hat er sie verewigt, und er räumt ein, dass – bei all den vielen Menschen, die er kennen lernen durfte und über die er schrieb – er nur beim Verfassen des Gedichts über seine Großmutter in Tränen ausgebrochen sei. Sie ist einsam auf der Flucht gestorben, während der chaotischen Zustände im Koreakrieg. Die Familie konnte nie herausfinden, wo sie beigesetzt worden ist.

Ko Un wuchs als vielversprechendes Talent auf. Mit acht Jahren schon hatte er die traditionelle Ausbildung, Erlernen chinesischer Schriftzeichen und interpretierendes Lesen klassischer chinesischer Texte, gemeistert. Korea war zu dieser Zeit unter japanischer Besetzung, war 1910 gewaltsam annektiert und zum japanischen Generalgouvernement erklärt worden. Als er die dritte Klasse der Grundschule besuchte, fragte einer seiner japanischen Lehrer die Klasse, was die Schüler, einmal erwachsen, werden wollten. Ko Un antwortete: »Kaiser von Japan« – und wurde dafür streng bestraft.

Vom grausamen Bruderkrieg auf der koreanischen Halbinsel

von 1950 bis 1953 war er tief erschüttert. Er meldete sich freiwillig zur Volksarmee, wurde aber abgewiesen, weil er zu schwach war – er wog damals nur vierzig Kilo. Er musste mit ansehen, wie die Kommunisten auf ihrem Vormarsch vergewaltigten und mordeten. Dann, als der Krieg seine erste Wende nahm und die Kommunisten sich nach Norden zurückziehen mussten, exekutierten südkoreanische Soldaten jeden, der als Kollaborateur der »Roten« denunziert wurde, darunter auch Familienangehörige Ko Un's, Nachbarn, Freunde – und seine erste Liebe. Ihm wurde befohlen, Leichen wegzuschaffen. Nächtelang trug er sie auf seinem Rücken zu den Grabplätzen. Diese schlimmen Erfahrungen brachten ihn an den Rand eines Nervenzusammenbruchs, und er beging einen Selbstmordversuch. Er verlor auf einem Ohr das Gehör, weil er sich Gift hineingegossen hatte.

1952, bevor der Krieg zu Ende ging, wurde er buddhistischer Mönch und widmete sich ganz der Praxis der Meditation, des Son – so der koreanische Namen der im Westen unter dem japanischen Wort Zen bekannten Form des Buddhismus. Er führte ein Wanderleben, zog durch ganz Korea, lebte, wie dies bei buddhistischen Mönchen üblich war, von Spenden der Laienanhänger. Im Klosterleben erreichte er bald hohes Ansehen und übernahm in diesen schwierigen Zeiten mehrfach wichtige Verwaltungsaufgaben in bedeutenden Klöstern. Damals gab es heftige Auseinandersetzungen unter den buddhistischen Ordensgemeinschaften. Diejenigen, deren Mönche verheiratet waren, hatten in der Kolonialzeit Förderung durch die Japaner erhalten. Jetzt wurde die Tradition des klösterlichen Zölibats bestärkt. Ko Un gründete die erste buddhistische Zeitung Koreas.

Nach zehn Jahren Leben als Mönch kehrte er in die Welt zurück – er war enttäuscht vom Formalismus in den Klöstern, von der Korruption, die er in der Hierarchie der Orden beobachten musste. Es war ihm aber auch bewusst geworden, dass er sich entscheiden musste, dass er entweder Mönch oder Dichter sein konnte, dass beide Ziele nicht vereinbar waren.

Eines Tages im Jahr 1945, als er gerade zwölf Jahre alt war, hatte er auf dem Rückweg von der Schule ein Buch am Wegesrand gefunden und mitgenommen. Es waren ausgewählte Gedichte des an Lepra erkrankten, bekannten Dichters Han Ha-un. Er blieb die ganze Nacht wach und las die Gedichte. Später schrieb er einmal: »Meine Brust wurde geradezu auseinandergerissen von der Gewalt des Schocks, den diese Texte in mir verursachten.« Er wollte auch ein Lepra-Dichter werden und begann, Lyrik zu schreiben. Seine erste Sammlung mit Jugendgedichten wurde 1960 veröffentlicht, als er noch Mönch war.

Viele Zeitgenossen waren erstaunt, ja erschrocken, als er in der Tageszeitung *Hankuk Ilbo* ein Manifest veröffentlichte, in dem er seinen Austritt aus dem Orden begründete. Von 1963 bis 1966 war er ehrenamtlich Leiter einer Schule für Arme auf der Insel Cheju-do, an der er auch selbst koreanische Sprache und Kunst unterrichtete. Sein zweiter Lyrik-Band kam heraus: »An den Küsten des Meeres« (1966) und ein dritter: »Gott, das letzte Dorf der Sprache« (1967). 1967 kehrte er in die Hauptstadt Seoul zurück – Jahre eines düsteren Nihilismus, Jahre als schwerer Trinker folgten bis zum Herbst 1970, als er zum zweiten Mal einen Selbstmordversuch unternahm. Er schluckte ein starkes Gift – und lag dreißig Stunden im Koma.

Doch er überlebte, und bald darauf, an einem Novembertag, las er zufällig von der Selbstverbrennung eines jungen Textilarbeiters namens Chon T'ae-il, der damit auf die schlechten Arbeitsbedingungen hinweisen wollte. Tief berührt davon fühlte sich Ko Un verpflichtet, eine führende Rolle im Widerstand gegen die Machenschaften des Militärregimes unter dem Ex-General und Präsidenten Park Chung-hee zu übernehmen: gegen die Erklärung der »Erneuerungsverfassung«, der »Yushin-Reformen« von 1972, mit denen die demokratische Verfassung geändert, demokratische Institutionen abgeschafft und wesentliche Grundrechte verletzt wurden. Mit der geänderten Verfassung konnte Park immer wieder gewählt werden – die Begrenzung auf zwei Amtsperioden fiel weg, unbeschränkte Machtausübung wurde möglich. Und auch das Wahlrecht für das Parlament wurde so geändert, dass in jedem Wahlkreis immer wenigstens ein Kandidat der Militärpartei zum Zuge kam. Ko Un wurde Aktivist der Demokratiebewegung und einer der wichtigsten Sprecher der Schriftsteller und Künstler, die sich der Militärdiktatur widersetzten.

Als 1974 der Schriftstellerverband für praktizierte Freiheit gegründet wurde, wurde Ko Un dessen erster Generalsekretär. Im selben Jahr noch wurde er Sprecher der Nationalen Gesellschaft zur Wiederherstellung der Demokratie. Dies verursachte Repressionen durch den Inlandsgeheimdienst, oft bezeichnet als KCIA. Und er wurde zum ersten Mal verhaftet. Trotz seines unaufhörlichen politischen Engagements schrieb er weiter, veröffentlichte zahlreiche Bücher. Eigene Gedichtbände wurden ergänzt durch Übersetzungen aus dem Chinesischen, darunter eine Auswahl von Lyrik der T'ang-Zeit und des Dichters Tu Fu. Er schrieb auch Biographien berühmter Künstler und Dichter aus der Frühzeit der westlich beeinflussten modernen koreanischen Literatur.

Von 1978 an war er Vizepräsident der Koreanischen Gesellschaft für Menschenrechte. Im Oktober 1979 wurde Präsident Park Chung-hee von seinem eigenen Sicherheitschef ermordet. Da war Ko Un Vizepräsident der Gesellschaft für nationale Einheit. Dies brachte ihm eine zweite Haftperiode ein, das Trommelfell seines bis dahin gesunden Ohres wurde durch Schläge während der Folter bleibend geschädigt.

Nach dem Tod des Diktators wuchs der Wunsch nach demokratischen Strukturen im Lande. Aber das Militär setzte alles daran, die Hoffnungen auf Demokratie zunichtezumachen. Im Dezember 1979 wurde die Opposition innerhalb des Militärs in einer »Nacht der langen Messer« beseitigt. Der Aufstieg von General Chun Doo-hwan zum starken Mann gipfelte dann in einem Staatsstreich des Militärs im Mai 1980 und in der gewaltsamen Niederschlagung eines Volksaufstandes für Demokratisierung in der Provinzhauptstadt Kwangju. Die Zahl der Opfer ist nie abschließend erfasst worden.

Noch am Tag des Staatsstreichs im Mai 1980 ging eine Verhaftungswelle durch das Land, nicht nur Ko Un wurde festgenommen, sondern auch der populäre Führer Kim Dae-jung, der später Präsident der Republik Korea werden sollte. Ko Un wurde inhaftiert und von einem Militärgericht zu lebenslanger Haft verurteilt, Kim Dae-jung wurde zum Tode verurteilt. Als das neue Militärregime sich seiner Macht über das Land sicher fühlte, wurden diese Strafen abgemildert und Ko Un im August 1982 im Zuge einer Generalamnestie freigelassen.

Im Gefängnis hatte ihn die buddhistische Meditation aufrecht gehalten, und als er das Schicksal all der vielen Menschen überdachte, denen er im Laufe der Jahre begegnet war, begann er, einen epischen Gedichtzyklus zu schreiben unter dem Titel *Ma-*

ninbo (»Zehntausend Leben«), in den er jeden Menschen, den er je getroffen hatte, aufnehmen wollte – bis heute sind fünfzehn Bände erschienen. Parallel dazu nahm er die Arbeit an einem vielbändigen Zyklus mit dem Titel »Paektu-Berg« auf, der die Unabhängigkeitsbewegung zur Zeit der japanischen Kolonialherrschaft darstellt und seinen Namen vom »heiligen« Berg der Koreaner an der Grenze zu China erhielt.

Am 5. Mai 1983 heiratete Ko Un die etwas jüngere Anglistik-Professorin Lee Sang-Wha, sie leben seitdem gemeinsam auf dem Lande in Ansong, etwa zwei Fahrstunden südlich von Seoul. 1985 wurde ihr einziges Kind, die Tochter Charyong, geboren. Ehe und Familienleben brachten eine ihm bis dahin unbekannte Stabilität in sein Leben, neues Glück. Er wurde in der Öffentlichkeit immer bekannter. Sein Werk umfasst über 120 Buchveröffentlichungen: Lyrik, Bände mit Essays, mehrere lange Romane, Theaterstücke, dazu Übersetzungen aus dem klassischen Chinesisch.

Unmittelbar nach seiner Eheschließung überarbeitete Ko Un alle seine bis dahin veröffentlichten Gedichte und erklärte im Vorwort zum ersten Band der im Minumsa-Verlag erschienenen »Vollständigen Gedichte von Ko Un«, dass von da an die revidierten Fassungen allein als Basis für Kritik und wissenschaftliche Beschäftigung zu gelten hätten. Das verursachte heftige Kontroversen und verärgerte viele Leser, die der Auffassung waren, Ko Un habe viele seiner schonsten Gedichte verschlimmbessert. Sie waren der Meinung, es sei beschämend, wenn nach langem Widerstand gegen die Zensur in der Zeit der Militärdiktatur nun der Autor selbst seine besten Werke beschädige. Es hieß sogar, dass man einige der schöns-ten und sensibelsten Gedichte, die jemals in Korea geschrieben worden seien, durch die Eingriffe ihres Autors verloren habe. Doch Ko Un blieb fest und erklärte, er habe das getan, was er sich in der Haft vorgenommen hätte für den Fall, dass er jemals lebend wieder freikomme. Er war entschlossen, nach seinem bisherigen Leben einen deutlichen Schnitt zu machen.

Seit seiner Eheschließung, seit seinem Umzug nach Ansong hat er zahlreiche Sammlungen von Lyrik herausgebracht, hat 1991 den buddhistischen Roman *Hwaomgyong* (»Der kleine Pilger«) veröffentlicht. Es folgte ein mehrbändiger Roman über die Wurzeln des Ch'an-/Zen-Buddhismus in China. Eine stark erweiterte Ausgabe der Gesammelten Werke ist noch nicht abgeschlossen – und seit 1986 arbeitet er an seiner Autobiographie, die sukzessive erscheint.

1987 machte er seine erste Auslandsreise, um in Japan zu sprechen. In einer Atmosphäre größerer demokratischer Freiheiten widmet er seine Aufmerksamkeit in erhöhtem Maße der Überwindung der Teilung Koreas. Ein nicht genehmigter Versuch 1989, nach Nordkorea zu reisen, brachte ihm die vierte Inhaftierung – zum Glück nur für kurze Zeit – und die Beschlagnahme seines Reisepasses ein. Als 1992 Nord- und Südkorea einen Vertrag zur Normalisierung der Situation auf der Halbinsel unterzeichneten, schien dies eine schnelle Entwicklung freundschaftlicher Beziehungen zwischen beiden Staaten zu versprechen – Ko Un begleitete dies mit dem Gedicht »Lied von morgen«. Bis zu dieser Zeit galt er in Korea als subversives Element, als Dissident, dessen Werke nach ungeschriebenen Gesetzen nicht in andere Sprachen übersetzt werden sollten. Dies – zusammen mit seiner Verwicklung in innerkoreanische Auseinandersetzungen – mag vielleicht erklären, warum er erst in einem Alter von mehr als sechzig Jahren in der Welt draußen bemerkt wurde, bekannt geworden ist. Eine japanische Übersetzung ausgewählter Gedichte erschien 1989, der erste englischsprachige Band, *The Sound of My Waves,* dann 1992. Etwa zu dieser Zeit erhielt er seinen Pass zurück und begann zu reisen.

Indien, den Schauplatz seines Romans »Der kleine Pilger«, besuchte er noch 1992 gemeinsam mit dem Regisseur des gleichnamigen Films, dem der Roman zugrunde liegt. Weitere Reisen führten ihn nach Japan, nach Australien und Europa, wo er Schriftstellerkollegen traf und Lesungen gab. Zahlreiche Bücher und Zeitschriftenbeiträge spiegeln das wider. Er, der keinerlei formellen Bildungsabschluss hat, war von 1994 bis 1998 (in diesem Jahr wurde er 65) Professor für Poetik an der Graduate School der Kyonggi-Universität in Seoul. 1995 kam er zum ersten Mal gemeinsam mit seiner Frau nach Deutschland, wo er den Besuch mit einer Lesung am Ostasiatischen Seminar der Freien Universität Berlin abschloss.

1997 besuchte er zum ersten Mal die USA, um die Veröffentlichung seines zweiten Lyrikbandes in englischer Übersetzung mitzufeiern, eine Sammlung von Zen-Gedichten unter dem Titel *Beyond Self*. Zu diesem Band schrieb Allen Ginsberg, der bedeutende Autor der Beat-Generation: »Ko Un ist ein wunderbarer Poet, eine Mischung aus einem buddhistischen Weisen, einem leidenschaftlichen politischen Autor und einem Naturhistoriker. Dieses kleine Buch mit Zen-Gedichten vermittelt den Eindruck ernster und doch humorvoller Disziplin unter einer erstaunlichen Vielfalt von Formen und Motiven.« Gary Snyder schrieb über ihn: »Er hält nicht nur seine Einblicke in das Zen und dessen wunderbares Wirken eng bei sich. Aber nichts hält er zurück, um es zu verdunkeln, nein, spielerisch und volkstümlich, Zen – verrückt und lebenstief, ein Dichter ganz von dieser Welt. Ko Un – er überlistet die alten Meister und die jungen Dichter gleichermaßen.«

Lesungen an der University of California in Berkeley und in Buchhandlungen brachten ihn mit Gary Snyder zusammen. Michael McClure zeigte sich tief beeindruckt von seiner ersten Begegnung mit Ko Un: »Ich habe Ko Un zum ersten Mal in Berkeley gehört. Seine Gedichte lachen und weinen. Denn – sie haben ihre eigene Höhle im Dichter, der lacht in Schmerz und Betäubung, der weint in Unzufriedenheit und Freude – und das alles mit sehr viel Kraft. Ich wurde mir bewusst – ich habe einen Dichter – einen Bruder gefunden vom anderen Ende der Welt. Während Ko Un seine Gedichte las, breitete sich draußen der kalifornische Nebel aus. Doch – jedes seiner Gedichte war ein mitreißendes Drama, so wie seine Stimme die Vokale bog und die Konsonanten formte. Seine Lesungen – sie sind in der Welt der Dichtung einzigartig. Es gibt niemanden, der so liest wie er. Ko Un bietet seine Sprache dar mit der Intensität von jemandem, dem es in seiner Kindheit verboten wurde, seine koreanische Muttersprache zu erlernen – aber: er hat sie gelernt!«

Durch viele Reisen, oft auf Einladung ausländischer Stiftungen, oft mit der Verleihung von Literaturpreisen verbunden, wurde Ko Un vom koreanischen Patrioten zum Weltbürger. Übersetzungen seiner Werke in eine Vielzahl von Sprachen haben seine Bücher zu einem festen Bestandteil der Weltliteratur werden lassen.

Ko Un, der Weltbürger, ist dennoch ganz Koreaner geblieben. Er sieht: Ein Kriegsschiff pflügt durch das Gelbe Meer, keine Möwe ist zu sehen – die schmerzliche Realität eines Krieges, der vor sechzig Jahren begonnen hat. Es scheint, er will nie zu

Ende gehen. Ko Un hat ihn erlebt, erlitten. Gerade ist ein Irrlicht dieses Krieges neu aufgeflackert. Ko Un wird tief besorgt, betroffen sein – aber wohl auch getragen werden von dem Bewusstsein, dass Demokratisierung und Öffnung zur Welt draußen wenigstens in und für die Republik Korea im Süden der Halbinsel unumkehrbar sind.

Im November des Tigerjahres 2010, im Nassauer Land

Hans-Jürgen Zaborowski

INHALT

Suhrkamp Verlag GmbH
Torstraße 44, 10119 Berlin
info@suhrkamp.de
www.suhrkamp.de